LA MAISON
DES OEUVRES SOCIALES
DE LA PETITE ÉTOILE

LA MAISON

DES

OEUVRES SOCIALES

DE LA

PETITE ÉTOILE

SIÈGE SOCIAL : 69, Rue de Cormeille

LEVALLOIS-PERRET

(SEINE)

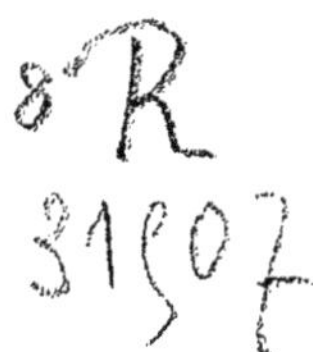

AVANT-PROPOS

La « Maison des Œuvres sociales de la Petite Etoile » que nous voudrions, par cette courte publication, faire mieux connaître et mieux aimer, est un champ d'activité ouvert à toutes les bonnes volontés, particulièrement à celles de « l'Etoile » et de la « Petite Etoile ». (1)

Bien que fondée par des protestants et conservant un caractère confessionnel dans quelques-unes de ses manifestations, elle se défend de tout sectarisme et fait appel aux amis du Bien, à quelque camp qu'ils appartiennent.

Ses groupements d'enfance, de jeunesse et d'adultes ont un caractère éducatif et moralisateur.

Construite en 1912, en même temps que notre Temple, elle s'élève sur le terrain qui lui est contigu, mais tandis que l'Eglise est en pleine façade sur la rue de Cormeille (laquelle deviendra bientôt une des artères les plus importantes de Levallois), la Maison, bâtie en retrait, offre un caractère plus modeste. Elle passerait facilement, aux yeux du public étranger à notre Œuvre, pour être une simple dépendance du Temple.

Nous désirons rectifier ici une erreur facile à commettre. Les deux édifices ne sont pas réunis entre les mains d'un seul et même propriétaire. Nos Associations cultuelles, constituées en vertu de la loi

____

(1) Quelques-unes de ces lignes sont empruntées à la brochure concernant la Maison des Œuvres, publiée en 1912, par les soins de M. Dyke.

du 9 décembre 1905 sur la Séparation des Eglises et de l'Etat, ne peuvent posséder d'autres locaux que ceux affectés à l'exercice du culte. Afin d'obéir à la loi, l'Eglise et la Maison sont indépendantes l'une de l'autre : l'Eglise est la propriété de l'Association cultuelle de l'Etoile ; la Maison appartient à la Société Anonyme Immobilière de la rue de Cormeille, constituée le 19 mars 1910, en vertu des lois actuelles régissant les Sociétés civiles à forme commerciale.

La Société Anonyme Immobilière est gérée par un Conseil d'Administration dont le Président est M. R. Jameson ; l'Administrateur-Délégué, M. P. Mirabaud ; les Administrateurs, MM. H. Monnier, André Raoul Duval, P. Salathé et F. de Witt-Guizot.

Le Capital de la Société s'élève au chiffre de 210.000 francs, divisé en 2.100 actions de 100 francs.

La Société entretient l'immeuble en bon état de conservation, et acquitte les impôts, comme propriétaire de l'immeuble, les primes d'assurances et effectue les réparations.

La « Maison des Œuvres sociales de la Petite Etoile » qui, en 1912, comprenait deux étages, a été surélevée de deux autres en 1914 (les travaux, commencés au moment où la guerre a éclaté, furent terminés en 1916).

Ces quatre étages, comprenant 22 chambres, sont occupés par le foyer de jeunes gens.

Son rez-de-chaussée, que des cloisons mobiles permettent de diviser en plusieurs salles, grandes ou petites, réunit successivement dans la salle principale (voir fig. 1), nos groupements les plus importants.

Ses « Œuvres sociales » se sont constituées petit à petit ; nous les nommerons par ordre d'ancienneté :

    Ecole du Jeudi.
    Ouvroir.
    Union Chrétienne de Jeunes Gens.
    Union Cadette de Jeunes Gens.
    Union Chrétienne de Jeunes Filles.

Union Cadette de Jeunes Filles.
Ecole de Garde.
Réunion de Couture.
Foyer du Jeune Homme.
Consultations Médicales.
Eclaireurs.
Croix Bleue.
« Bonne Volonté ».
Restaurant du Foyer pour Jeunes Gens.
Jardin d'Enfants.
Bureau d'Assistance sociale.

Elles ont un caractère fédératif, et chacune prend sa part des charges communes.

« *La Direction* de notre Maison est assurée par le « Comité des
« Œuvres sociales de la Petite Etoile » composée des pasteurs de
« l'Etoile et de la Petite Etoile, des directeurs et directrices de nes
« œuvres particulières et des membres du Conseil d'Administration
« de la Société Immobilière. Il se réunit une fois par mois, au siège
« social. Il permet aux amis de l'Œuvre de prendre connaissance
« des progrès réalisés et des améliorations à obtenir ; il établit entre
« les bonnes volontés une collaboration efficace.

« Réunis dans un même sentiment, nous cherchons à soulager
« les misères humaines en élevant nos pensées et nos actes vers un
« commun idéal de paix et de bonne volonté. » (1)

Un Secrétaire général, actuellement M. Mousseaux, est chargé de servir de trait-d'union entre les diverses œuvres et, plus particulièrement d'assurer la bonne marche du Foyer de Jeunes Gens.

---

(1) Extrait de la brochure de la Maison, 1912.

HISTORIQUE [1]

« Le 3o avril 1891 une « Ecole du Jeudi » est inaugurée avec
« 53 élèves dans une boutique de la rue Laugier, aux abords des
« fortifications et, comme une fenêtre ouverte, pour regarder par-
« dessus les vieux remparts cette banlieue mystérieuse où nous
« sommes aujourd'hui enracinés. En six mois l'école compte
« 160 enfants.

« ..... il faut bientôt émigrer rue Aumont-Thiéville.

« ..... l'Union Chrétienne se crée en 1899; elle se risque à quitter
« Paris; la voilà emménagée à Levallois, 13 *bis*, rue de Cormeille,
« où elle est en avant-garde. Puis ce fut, à sa suite, l'émigration de
« l'Ecole du Jeudi en 1900... l'Œuvre des Soupes, 1901... les
« « Conférences », l'Ecole de Garde, 1907. »

Mais bientôt la place manque; il faut encore songer à changer de
local, devenu trop petit, contre un autre plus spacieux; il faut aussi
que le culte puisse être célébré dans une autre salle que celle où se
tiennent les réunions de tout genre.

On sent la nécessité d'avoir un temple qui soit vraiment un
Temple, et une maison suffisamment spacieuse pour abriter les
œuvres naissantes.

C'est en 1912 que ces deux rêves ont pu être réalisés, complétés en
ce qui concerne notre Maison en 1914.

---

(1) Cet historique est extrait de la préface que fit M. de Witt-Guizot à la brochure concernant la « Petite Etoile » publiée en 1912 à l'occasion de l'inaugura-
tion du Temple.

〜〜〜〜〜〜〜〜〜〜〜〜〜〜〜〜〜〜〜〜〜〜〜〜〜

Tout ce que ces édifices ont coûté de patience, de persévérance,
d'efforts, de don d'eux-mêmes et de sacrifices à ceux qui, pasteurs et
amis, ont voulu nous les donner, nous ne le saurons jamais; eux-
mêmes en ont à peine parlé. Mais leurs noms sont inscrits dans nos
cœurs et nous réunissons dans une même pensée de reconnaissance
profonde ceux qui maintenant ne sont plus là (1) et ceux qui nous
restent encore.

---

(1) *Nos pasteurs* : Eugène Bersier, Jules Vinard, Isaac Picard. — *Notre ami :*
Henri de Seynes de Larlenque.

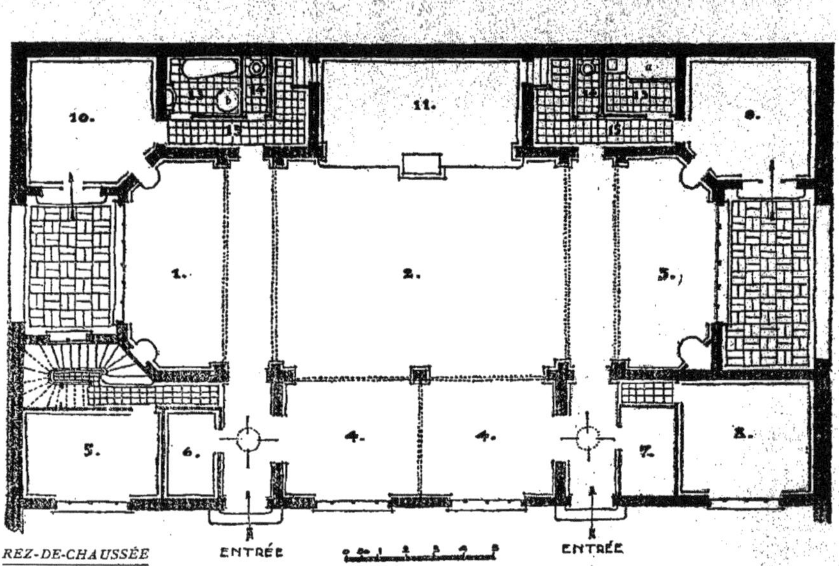

1. Jardin d'enfants.
2. } Grande salle.
4. }
3. Restaurant.
5. } Dispensaire.
6. }
7. Bureau d'assistance sociale.
8. Secrétaire général.
9. Dépendance du restaurant.
10. Salle des Éclaireurs.
11. Scène de la grande salle.
13. { a) Cuisine.
     { b) Salle de bain.

Ecole du Jeudi [1]

Le Fondateur de l'Eglise de l'Etoile avait conçu la création d'une Œuvre évangélique et sociale dépendant de cette Eglise et destinée à semer la parole chrétienne parmi les masses populaires de Levallois.

Ce qu'une mort prématurée interdit à Eugène Bersier d'accomplir, ses successeurs eurent à cœur de le réaliser.

Le 3o janvier 1891, dans une humble boutique du quartier des Ternes, l'Ecole du Jeudi — berceau de la Petite Etoile — était inaugurée.

Dès le début, une cinquantaine d'enfants la fréquentèrent; c'était déjà un résultat appréciable, mais au bout de six mois, 16o enfants se pressaient dans la boutique de la rue Laugier.

L'Ecole, trop à l'étroit, dut émigrer. Elle s'installa modestement dans un immeuble, assez délabré, de la rue Aumont-Thiéville; puis, en 1900, elle franchit — suivant le vœu de Bersier — la zone des fortifications et s'enracina au cœur même de Levallois, 13 *bis*, rue de Cormeille, au centre de cette « banlieue mystérieuse » dont parle M. de Witt-Guizot dans sa préface à la brochure du Souvenir.

Enfin, dernière pérégrination, l'Ecole planta, en 1912, son pavillon dans les locaux de notre Maison Sociale.

**

---

(1) Cette communication est extraite presque en totalité de la brochure publiée en 1912 par les soins de M. Dyke. Elle est simplement remise à jour.

Une brochure sur les Œuvres sociales de la Petite Etoile serait
incomplète s'il n'y était fait mention de la vénérée Fondatrice de
l'Ecole du Jeudi, qui incarne à nos yeux la pensée du premier pasteur de l'Etoile et a dirigé pendant vingt-trois ans la plus ancienne
de nos Œuvres particulières, qu'elle anima toujours de sa bienfaisante activité.

Rappelons que les premières monitrices de l'Ecole furent les
propres catéchumènes de M. Bersier, groupées en 1891 par Mme Bersier elle-même, qui entendait exaucer le vœu suprême de son mari :
« Faire la plus grande Etoile ».

Parmi les promoteurs de l'Ecole du Jeudi, nous devons également
une mention spéciale à MM. les Pasteurs de l'Etoile, héritiers de la
pensée d'Eugène Bersier.

Actuellement 220 enfants, tant fillettes que garçonnets, sont inscrits à notre Ecole et se réunissent le jeudi après-midi dans les
locaux de la Maison.

La séance débute par la prière. Les enfants entonnent ensuite
quelques cantiques, puis le Pasteur, actuellement M. Eliel Monnier,
leur fait une « instruction générale » sur l'Histoire Sainte.

Ils se divisent ensuite en groupes sous la direction bienveillante
de leurs monitrices, qui reprennent avec eux les explications don-
nées par le Pasteur, puis surveillent les travaux manuels qui termi-
nent la séance.

Ces travaux manuels (couture, cartonnage, brosserie, filets à provisions, sacs en raphia, etc., etc...) sont judicieusement répartis par
les monitrices entre les enfants placés sous leur garde. C'est là une
excellente diversion aux jeux de la rue.

En incitant les enfants à effectuer un travail net et consciencieux,
d'où le goût personnel n'est pas banni, on élève leurs petites âmes
encore incultes vers un certain idéal d'ordre et de beauté; on affermit
leur conscience morale, généralement peu développée par l'éducation
familiale.

Cette instruction récréative est d'ordre pratique.

A ce point de vue, nous pourrions prendre exemple sur une Œuvre telle que celle de la rue Vigée-Lebrun, dont les enfants parviennent à accomplir des travaux manuels (brosserie, etc...) si bien réussis qu'il y a là une source de revenus pour l'Œuvre et de joie pour les petits artisans qui emportent, pour en faire usage, des objets qu'ils ont eux-mêmes confectionnés.

On n'insistera jamais assez sur l'influence personnelle des monitrices de l'Ecole du Jeudi sur leurs élèves. Leur activité joyeuse est un des principaux facteurs du bon fonctionnement de l'Œuvre.

Leur rôle vis-à-vis des enfants ne se borne pas à les réunir le jeudi ; elles les visitent, s'ingénient à connaître la mentalité individuelle de chaque enfant placé sous leur garde et s'efforcent de les amener au Bien.

Budget. — Jusqu'en 1914, grâce à l'excellente gestion financière de notre regrettée Miss Burton, précieuse collaboratrice de Mme Bersier, le mensuel versé par les monitrices à la caisse de l'Œuvre suffisait à ses besoins financiers.

Depuis octobre 1919, Mme André Raoul-Duval a bien voulu se charger de la direction de l'Ecole, dont les dépenses s'élèvent actuellement à 1.300 francs au minimum (goûter offert à 4 heures aux enfants, étoffes, fournitures pour les travaux manuels, distributions de vêtements, etc...).

Le loyer annuel versé au Foyer est de 300 francs.

N'oublions pas que c'est de l'Ecole du Jeudi que sont nées successivement toutes nos activités.

Ouvroir

Dès 1891 des réunions périodiques de mères de familles, furent tenues sous la présidence de Mmes Picard et Vinard.

Celles qui fréquentaient ces réunions, recevaient les matériaux nécessaires à la confection de vêtements qu'elles emportaient par la suite ; elles n'étaient pas rétribuées.

Cette Œuvre effectua les mêmes pérégrinations que celles qu'abrite aujourd'hui le toit de notre Maison, mais son activité fut suspendue en juillet 1914.

L'OUVROIR, Œuvre de guerre (1). — Dans les premiers jours d'août 1914, à l'angoisse de la guerre déclarée s'ajouta l'angoisse de la misère approchante. Alors, pour assurer aux femmes un morceau de pain, on fonda des Ouvroirs.

Celui de la « Petite Etoile » ouvrit ses portes le 21 août sous la direction de Mme Russier auxquelles succédèrent Mlle Bertrand et Mlle Schlatter.

Quatre fois par semaine, 26 femmes recevaient, en échange d'un travail facile, des légumes, des pâtes, avec quelques sous et le réconfort d'une sympathie réelle.

Peu à peu cependant, et surtout à partir de l'automne 1916, le travail reprenant et les usines ouvrant leurs portes, les femmes jeunes et valides désertèrent l'Ouvroir, qui prit alors un caractère différent.

(1) Communication de Mlle Bertrand.

L'OUVROIR, Œuvre d'assistance sociale. — Les femmes âgées et sans ressources formèrent le noyau de l'Œuvre ; à elles se joignirent quelques chômeuses auxquelles, d'ailleurs, l'Ouvroir trouva parfois un emploi.

Aux sacs pour les soldats avait succédé le travail en faveur des réfugiés (Entr'aide, Armoire Lorraine, etc...).

Aujourd'hui, ce travail nous est fourni par une entrepreneuse et par quelques dames que nous voudrions voir plus nombreuses.

Mais le prix du travail ne représente guère que le 1/10 des frais occasionnés par l'Ouvroir (200 à 225 francs par mois).

Budget. — Les frais sont couverts par une subvention du Diaconat de l'Eglise de l'Etoile, heureux d'accorder à ces femmes âgées et honorables, une aide par le travail.

Depuis 1914, l'Ouvroir a secouru 124 femmes protestantes ou rattachées à notre Œuvre.

Union Chrétienne de Jeunes Gens [1]

Un rapport d'avant-guerre que nous avons sous les yeux, rappelait les modestes et très anciens débuts de notre Union, dont l'origine remonte à 1866 et nous invitait à nous souvenir avec un sentiment de reconnaissance de Paul Fouilleron, dont l'enthousiasme et le zèle persévérant avait guidé l'Union dans la voie des conquêtes. Ce rapport mentionnait aussi la collaboration fidèle de membres tels que M. Raoul-Duval (ancien Président), M. Quétin (également ancien Président, qui fait toujours partie du Comité et qui nous est un vivant exemple de persévérance dans la tâche assumée).

Nous, Unionistes de 1922, nous unissons nos sentiments de reconnaissance envers ces vaillants de la cause unioniste et nous leur disons merci, du fond du cœur.

Mais, depuis cette heureuse période d'avant-guerre, comme elle s'est allongée la liste de ceux à qui nous devons un souvenir ému ! Comme ils sont nombreux, hélas, nos chers amis que la guerre a emportés dans son tourbillon et que nous n'avons pas vu revenir !

La grande tourmente s'est enfin apaisée. Peu à peu, nos cadres se reforment. Notre Union ébranlée et déracinée par la disparition presque totale de ses militants retrouve son équilibre et son esprit de conquête. Elle fait l'expérience que, malgré toutes les apparences contraires, rien n'est perdu quand la Maison est bâtie sur le roc ; que Jésus-Christ reste aujourd'hui comme hier, le seul fondement

---

(1) Communication de M. Floquet, président actuel de l'Union de Jeunes Gens.

inébranlable de notre foi et la source intarissable d'un saint et robuste optimisme.

Notre but, il est bon de le rappeler, est de travailler au développement physique, intellectuel, moral et religieux des jeunes. Par la variété de son programme et l'atmosphère cordiale de ses réunions, l'Union s'efforce d'attirer à elle, non seulement la jeunesse de nos Eglises, mais toute la jeunesse.

Au point de vue intellectuel, moral et religieux, tous les sujets sont librement abordés et discutés après avoir été exposés par des introducteurs documentés. Voici, au hasard, quelques-uns des sujets récemment traités : « Valeur religieuse de l'Ancien Testament, Amos, Le Spiritisme, La Révolution russe, Delphes, l'Amérique moderne, Le Christianisme et l'Education, La Science et la Morale », etc. Le premier jeudi de chaque mois, réunion de l'Union de Jeunes Gens et de l'Union de Jeunes Filles, sous la présidence du pasteur.

Le développement physique est loin d'être négligé. Une très vivante section sportive réunit les sections de foot-ball, baskett-ball, tennis, etc. L'équipe de foot-ball, vient de remporter pour la seconde fois, le challenge du Groupe des Unions de la Seine, et même se propose de prendre part, incessamment, au championnat national des Unions de France.

Nous regrettons que l'Union n'ait pas la libre disposition d'un local dans le Foyer, où ses membres pourraient trouver en permanence, lectures, jeux, etc.; mais ce simple regret n'est pas pour nous empêcher de croire à la marche en avant.

L'Union Chrétienne de Jeunes Gens de Levallois invite cordialement tout jeune homme, de quelque nuance religieuse ou politique qu'il soit, à se rattacher à l'une ou l'autre de ses activités.

Les adhésions sont reçues de préférence le jeudi soir de chaque semaine, à 8 h. 1/2.

Budget. — La location versée au Foyer est de 200 francs.

Les dépenses, couvertes par des cotisations et souscriptions, s'élèvent à 1.300 francs.

Section Cadette de l'Union Chrétienne des Jeunes Gens [1]

La Section Cadette fut fondée en 1881, à l'époque où l'Union aînée était déjà installée aux Ternes, mais elle ne fonctionna régulièrement que depuis 1904.

Les Unionistes Paul Fouilleron et Hermann Neubert, qui en furent les véritables promoteurs, furent remplacés par M. Camus, dont le souvenir est encore vivant à Levallois. Pendant la guerre, la direction en fut confiée à M. Coulon, qui réunissait tous les quinze jours de 30 à 40 enfants. Il fut remplacé en 1919 par M. Lascombe, qui réunit les enfants les 1er et 3e dimanches de chaque mois.

Le but de la Section Cadette est de former de futurs membres pour l'Union aînée dont elle assure ainsi le recrutement ; elle s'efforce d'approprier le programme des aînés aux plus jeunes, de contribuer à leur développement moral et religieux, et surtout de les familiariser avec le milieu unioniste où ils auront à agir plus tard.

L'emploi du temps du dimanche après-midi est variable suivant la saison : promenades, jeux, chants, causeries, visites, etc...

La Section, qui compte actuellement environ 30 Cadets, est appelée sans doute à prendre de l'extension, sans nuire d'ailleurs à l'enrôlement des garçons dans le mouvement des Eclaireurs.

------

(1) Communication de M. Lascombe.

Budget. — La Section Cadette fournit à la Maison des Œuvres un loyer de 15o francs. Pratiquement, ce sont les ventes, fêtes et cotisations des membres du Comité et des dames visiteuses qui alimentent la caisse de l'Œuvre.

~~~~~~

Union Chrétienne de Jeunes Filles [1]

Le 10 janvier 1897, 12 jeunes filles se réunissaient rue Aumont-Thiéville, sous la présidence de Mlles G. et R. Monod, et fondaient l'Union Chrétienne de Jeunes Filles des Ternes-Levallois. Environ une année plus tard, l'Union se rattachait à l'Alliance Nationale des U. C. de Jeunes Filles de France.

Depuis lors, un grand nombre de jeunes filles ont fréquenté l'Union, pendant des périodes plus ou moins longues et de façon plus ou moins régulière ; quelques-unes sont restées fidèles un grand nombre d'années, et ont assuré depuis le départ au début de 1921, de leurs regrettées Présidentes, la responsabilité de l'Union ; elles en ont confié la direction à un « bureau » élu pour deux ans par l'ensemble des membres de l'Union et présidé par Mlle B. Hunt. A l'heure actuelle, une trentaine de membres sont inscrites et se réunissent les 2⁰ et 4⁰ dimanches ; elles sont en moyenne 20 ou 25. Une grande cordialité règne entre les Unionistes, et chacune est accueillie avec affection ; pendant les jeux, comme à l'heure du thé, les conversations, qui ont libre cours, peuvent donner naissance à des amitiés durables.

Le chant tient aussi sa place dans les réunions, dont le point central reste cependant l'étude de la Bible (Etudes bibliques, causeseries).

Depuis février 1922, cette étude est suivie d'une courte causerie de « Service Social » ayant pour but de mettre les jeunes filles au

____

(1) Communication de Mlle Hunt.
~~~~~~

courant de l'activité du Bureau d'Assistance Sociale ; des comptes rendus d'enquêtes faites dans des familles particulièrement intéressantes y sont aussi donnés, ainsi que des renseignements sur différentes œuvres d'assistance.

Le résultat pratique de cette innovation a été l'organisation d'une réunion de couture bi-mensuelle, tenue un soir de la semaine, chez la présidente, en faveur d'une des familles signalées.

Budget. — Les recettes de l'Union sont assurées par une cotisation annuelle de 5 francs, dont la moitié va au « Comité national des Unions de France » et par des dons.

L'U. C. J. F. verse annuellement au Foyer un loyer de 15o francs.

Union Cadette de Filles [1]

Historique. — En 1900, sous l'inspiration de Mme Albert Mirabaud, l'U. C. de Filles fut fondée dans la première salle de Levallois, 13 *bis*, rue de Cormeille, pour préserver des dangers de la rue nos fillettes, les après-midi du dimanche.

Mme Henri Monnier dirigea cette petite Union, puis groupa les fillettes qui y restèrent attachées en une Association se réunissant rue de Cormeille, où se développa « l'Œuvre du Trousseau (2) ».

Quant aux petites cadettes, elles furent confiées successivement à Mme Escande et à Mlle Chevalon.

Après le départ de Mme H. Monnier, l'Association des aînées ne tarda pas à disparaître ; Mme Russier et Mlle Bertrand reprirent l'œuvre de Mlle Chevalon ; elle se maintint sans interruption pendant toute la guerre et reprit une impulsion nouvelle après l'armistice ; elle compte aujourd'hui une moyenne de 42 fillettes et petits garçons de moins de sept ans. C'est une des U. C. les plus importantes du groupe de la Seine.

Budget. — Le budget de l'U. C. est de 600 francs environ, fournis par un très petit nombre de généreux donateurs.

Emploi du temps. — L'U. C. se réunit les 1er et 3e dimanches de 2 à 5 heures. Pendant les mois d'hiver, d'octobre à Pâques, les en-

______

(1) Communication de Mlle Bertrand.
(2) Interrompue par la guerre.

fants restent au local. Elles jouent d'abord dans la cour, puis elles viennent dans la salle pour chanter et écouter un court récit de « l'Histoire des Enfants Chrétiens d'Autrefois » (Saint Augustin, Luther, Jeanne d'Albret), ou de celles des « petits noirs » d'aujourd'hui. La dernière heure est consacrée à de petits travaux qu'elles aiment, perlage, enluminure ou broderie.

En été, l'U. C. se transporte au Bois de Boulogne, pour jouer sous les arbres et goûter sur l'herbe.

But de l'Union. — L'U.C. n'a pas seulement pour but de faire passer aux enfants une agréable après-midi du dimanche, lorsque leurs parents ne peuvent s'occuper d'eux, mais aussi d'exercer sur eux une influence religieuse et morale, et tout particulièrement de leur apprendre peu à peu à penser aux déshérités (Loterie pour les Missions).

Desiderata. — Mais pour atteindre ce but, l'Union Cadette devrait combler trois grandes lacunes :

1° *Insuffisance des monitrices.* — Venez nous aider, jeunes filles libres le dimanche.

2° *Relations trop peu suivies avec les parents.* — Pour approfondir l'œuvre accomplie par les visites, il faudrait ressusciter les réunions d'avant-guerre : la « Fraternité » pour les pères de famille, les « Réunions Mensuelles des Mères ».

3° *Disparition des Grandes « Cadettes ».* — Nos fillettes de 14 à 15 ans ne passent souvent pas de leur Union, dans l'Union Chrétienne de Jeunes Filles et s'éloignent ainsi de notre influence ; ne faudrait-il pas, pour les retenir fonder une association des anciennes Cadettes ?

Qui nous y aidera ?

Section des Eclaireuses [1]

Cheftaine : Mlle Bertrand ; *Chef de clan :* Mlle H. Berringer.

Dans la Journée des Unions (juin 1912), Mme Carr fit l'éloge d'un mouvement féminin, parallèle à celui des Eclaireurs, qui venait d'être fondé en Angleterre, par Miss Baden-Powel.

Persuadées que cette innovation répondait aux aspirations de nos fillettes, Mlle de Garis, à la « Maison Verte » et Mlles d'Eichthal et Bertrand à la « Petite Etoile » créèrent les 1res sections de « Pionnières » (1913). Les jeunes filles furent préparées à de petits examens (puériculture, cuisine, dîner à o fr. 40, histoire du drapeau français, histoire sainte, etc.), emmenées en excursion pour développer leur culture physique, tandis que par l'étude de la loi, les cheftaines s'efforçaient d'éveiller leur conscience.

La section naissante de la « Pâquerette », donnait à Mlles d'Eichthal et Bertrand de réels encouragements, quand la guerre interrompit son activité.

Cependant, au bout d'une année, Mlle Bertrand, secondée de temps à autre par quelques jeunes amies, reforma la section et continua à intéresser les « Eclaireuses », comme on commençait à les appeler, par des cours ménagers et des promenades.

Mais au printemps 1918, printemps des bombardements, la cheftaine ne voulant plus assumer la responsabilité d'excursions lointaines, demanda et obtint de la Cie des Chemins de Fer, la cession

---

(1) Communication de Mlle Bertrand.

d'un terrain de 8oo m² à La Garenne. Labouré par les soldats d'un
champ d'aviation, clôturé avec soin, il put être ensemencé par les
éclaireuses, et produisit : pommes de terre, radis, salades, haricots,
en si grande quantité qu'ils purent être vendus aux amis de
Levallois.

La Compagnie du Chemin de Fer, étant à la veille de reprendre
le terrain, les démarches sont faites pour en louer un autre à Co-
lombes.

La culture du jardin, la prestation publique du serment, si émou-
vante, l'évolution des esprits, dissipèrent peu à peu les préjugés dé-
favorables aux Eclaireuses.

La prestation du serment, précédée d'entretiens particuliers, cons-
tituent un appel à la conscience des « Eclaireuses » réfléchies qui
doivent, de plus, s'examiner chaque semaine devant leur « Loi ».

La Section des Eclaireuses a reçu cet hiver une impulsion nouvelle
grâce à l'arrivée d'un chef de clan : Mlle Berringer, qui formée à la
section modèle de Duruy, a apporté avec l'enthousiasme de la jeunesse, les méthodes les plus modernes.

Ecole de Garde

I

A propos de l'Ecole du Jeudi nous avons parlé des dangers auxquels sont exposés les enfants qui, ne sachant où aller entre leur sortie de l'Ecole primaire et le moment où leurs parents rentrent de leur travail, errent dans les rues.

Dans le but de parer à ce fâcheux état de choses et de permettre aux enfants de travailler tranquillement, une « Ecole de Garde » est ouverte de 4 heures à 6 heures.

Elle est absolument laïque.

C'est en 1907 que Mme Léo eut l'idée d'ouvrir, au 13 *bis* de la rue de Cormeille, cette Ecole, que Mme Schérer a bien voulu diriger jusqu'au mois d'octobre 1921, date à laquelle Mlle Vinard a été appelée à lui succéder. Nous n'oublions pas son inlassable dévouement malgré les difficultés de toutes sortes qui se sont présentées, particulièrement pendant la guerre.

L'Ecole compte actuellement une centaine d'inscriptions. La moyenne des présences est de soixante.

A leur arrivée et jusqu'à cinq heures les enfants jouent dans la cour ou sous le hangar (1), puis ils rentrent pour travailler sous la direction de monitrices de bonne volonté. Celles-ci sont malheureusement en nombre insuffisant, et il serait bon que chacun comprenne combien cette œuvre est attachante, et quelle satisfaction

____

(1) Construit en 1919.

réelle on trouve à suivre les enfants, à exercer sur eux une bienfaisante influence ; il serait bon aussi que chacun se rende compte des services ainsi rendus tant aux parents qu'aux enfants.

Pour éviter que les enfants ayant terminé leur travail troublent la tranquillité générale, des travaux manuels sont organisés, et les livres de la bibliothèque constituée à leur intention sont mis à leur disposition.

Orientation professionnelle. — Nous n'avons cependant pas voulu que l'aide donnée aux enfants qui viennent à nous se borne uniquement à des devoirs et leçons ; nous avons songé à lui donner une portée plus grande en étudiant la question si importante, et dont nous ne pouvons nous désintéresser, de leur « *Orientation professionnelle* ».

Grâce aux Comités d'apprentissage avec lesquels nous nous sommes mis en rapport (1) et qui nous faciliteront le placement des enfants qui nous quittent ; grâce à nos causeries bi-mensuelles, portant chacune sur un métier différent (conditions et durée d'apprentissage, écoles d'apprentissage, bourses pouvant être obtenues, etc.), à nos conférences ouvertes aux parents et aux enfants, et pour lesquelles le cinéma nous apporte un précieux concours, grâce à notre petite bibliothèque d'orientation professionnelle, et à toutes les personnes compétentes dont les conseils nous ont été précieux, nous espérons se voir réaliser bientôt notre projet, déjà caressé par Mme Schérer, d'orienter chaque enfant vers le métier correspondant le mieux à ses aptitudes physiques et morales.

M. Priestley a bien voulu accepter de seconder Mlle Vinard dans cette tâche en vue de laquelle Mme Hervey apporte aussi un précieux concours.

Nous faisons appel à tous ceux qui pourraient nous aider dans

---

(1) « Comité d'Apprentissage », 47, rue de Tocqueville, 17ᵉ. — « Comité de Patronage des Apprentis Réformés », 4, rue de l'Oratoire, 1ᵉʳ.

cette œuvre si intéressante, soit en venant eux-mêmes parler aux enfants des métiers qu'ils connaîtraient plus particulièrement, soit en leur ouvrant les portes de leurs ateliers, maisons de commerce ou autres, soit en travaillant avec nous à constituer notre bibliothèque.

*
* *

Budget. — L'Ecole de Garde verse au Foyer un loyer annuel de 5oo francs.

Les recettes de l'Œuvre, qui se montent à environ 2.3oo francs, sont alimentées par le Diaconat de l'Etoile et des souscriptions.

Les dépenses de l'Œuvre se montent à environ 2.3oo francs (Loyer, fournitures scolaires, directrice).

Graphique de la marche de l'Ecole de 1912 à 1921

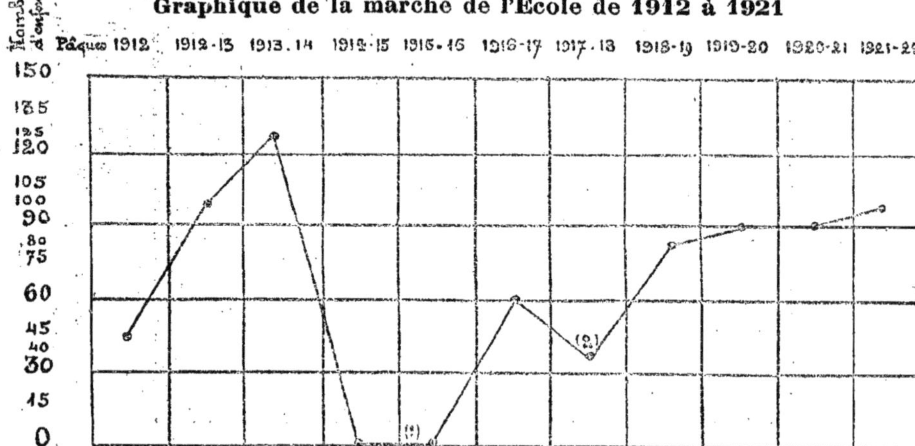

(1) Ecole fermée faute de local (Grande salle occupée par l'ouvroir).
(2) Bombardements.

LA GRANDE SALLE DE LA MAISON

A ses débuts (1) l'Ecole de Garde, seule dans le quartier de Levallois, réunissait un nombre d'enfants beaucoup plus considérable (deux cents environ). La diminution s'explique uniquement par la création de nombreuses écoles similaires, de la Municipalité ou d'autres organisations privées, qui reconnurent l'importance de cette Œuvre et continuèrent ce que nous avions commencé.

____

(1) 1907, ancien local.

Réunion de couture des Dames

Cette Œuvre fut fondée en 1907 dans l'ancien local de la rue de Cormeille.

Mme Eliel Monnier la préside, Mmes Blanc, Favey, Schérer, Mlle Bertrand la secondent.

Les réunions se tiennent le 2e et le 4e jeudi du mois, d'octobre à juillet. Vingt-huit dames, dont une vingtaine viennent très régulièrement, y sont inscrites qui, par la suite, s'enrôlent parmi nos monitrices de différents groupements. Les objets, confectionnés pour notre vestiaire, vont aux pauvres dont nous nous occupons ou aux enfants envoyés à notre colonie de vacances de Pouilly (voir page 42).

Budget. — Deux sources distinctes de recettes viennent alimenter la caisse de l'Œuvre :

1° Les cotisations exceptionnelles des amis de notre « Maison des Œuvres... »

2° Les cotisations périodiques des adhérentes.

Elles servent aux achats de tissus.

Un loyer annuel de 50 francs est versé au Foyer.

Le Foyer[1]

I. — Le « Foyer du jeune homme » est le locataire principal de l'immeuble et verse à la Maison des Œuvres un loyer de 13.500 fr. ; le montant du prix des chambres est de 65 fr. par mois.

Le Foyer groupe actuellement 22 locataires ; venus de tous les coins de la France, ouvriers, étudiants, employés, qui y trouvent une chambre, un restaurant, et un milieu social normal où l'on s'efforce dans la mesure du possible, de remplacer la famille absente.

Il ne se borne pas à être une Œuvre de préservation, il veut surtout être une Œuvre de solidarité sociale et d'éducation. Les tendances sociales les plus opposées y sont journellement en contact, des opinions politiques et religieuses très diverses s'y manifestent, et c'est une belle chose que de constater les efforts de compréhension réciproque. Nous nous rendons compte de moins en moins de ce qui nous divise, et de plus en plus de ce qui nous rapproche.

Pendant la guerre, le rapprochement entre français s'est opéré par la force des choses. Néanmoins, ceux qui ont vécu longtemps au front peuvent dire le caractère factice de beaucoup de ces rapprochements et l'influence exercée trop souvent par le plus mauvais sur le meilleur. Nous aimons à croire qu'au Foyer, ce sont les meilleurs qui sont les chefs de file. Dans cette petite famille d'une vingtaine

---

(1) Communication de M. Mousseaux.

de membres, où chacun à toute facilité pour connaître les autres, il n'y a pas d'isolement possible. Le grand charme de cette Maison est qu'elle est vraiment la Maison de l'Amitié, et notre privilège est d'en mieux comprendre la valeur.

En dehors même de l'influence qui peut-être exercée sur les jeunes gens — et nous savons que certains ont reçu beaucoup — il serait possible de considérer la part que prend le Foyer aux diverses manifestations d'activité de l'Union Chrétienne, des Eclaireurs, des Sections Cadettes ; il serait facile alors de se rendre compte des efforts faits, des résultats obtenus, et de reconnaître la valeur de l'impulsion donnée par les éléments du Foyer à l'Œuvre commune.

Il y a des choses auxquelles il faut penser toujours sans en parler jamais. Cependant, il n'est pas possible de ne pas dire ici ce que certaines personnes ont fait et font encore pour que pareil état d'esprit soit possible. Une bonne atmosphère spirituelle ne se crée pas en un jour, on ne gagne pas la confiance des jeunes gens avec une simple poignée de mains ; il faut du temps, de la patience, beaucoup de bonne volonté. Rien de tout cela n'a manqué, grâce à la collaboration éclairée de quelques personnes de la paroisse, qui ne se sont pas seulement occupées d'une multitude de questions matérielles : (réorganisation du Restaurant, par exemple, l'achat du matériel de cuisine, l'organisation du thé amical du samedi, la location d'un piano — ce qui nous permet deux vendredis par mois un thé en musique très apprécié —) mais qui ont su donner beaucoup d'elles-mêmes. Le Comité du Foyer, nommé par le Comité des Œuvres, comprend : Mmes Hoyez et Schérer, Mlle d'Eichthal, M. le pasteur Eliel Monnier, et le Secrétaire général.

Est-il utile d'ajouter que tous ces efforts et tous ces résultats nécessitent certains petits sacrifices ? Jusqu'ici, ce sont souvent les mêmes qui les ont accomplis avec une bonne grâce sans limite. Ce que chacun doit comprendre, c'est que, dans l'avenir, le Foyer ne pourra vivre et se développer qu'avec la collaboration de tous.

II. — **Restaurant.** — Avant la guerre, les locataires du Foyer

UNE CHAMBRE DU FOYER

pouvaient prendre leurs repas au Restaurant de l'Etoile Bleue, rue
Gravel, mais celui-ci disparut du fait de la guerre. En 1919, un Restaurant fut organisé dans une des salles du Foyer et actuellement,
son développement nous a obligés à confier l'entreprise à une cuisi-
nière qui fournit, à forfait, les repas de midi et du soir au
prix de 3 fr. 5o.

Chauffage central. — Tous les amis du Foyer apprendront
avec une grande satisfaction que le Comité des Œuvres a décidé
l'installation du chauffage central, qui doit être terminé pour la fin
de septembre. C'est là une très grosse amélioration qui sera vivement
appréciée, mais qui souligne davantage encore la nécessité d'une
participation plus effective d'un plus grand nombre d'amis à la vie
de notre Maison.

Consultations Médicales [1]

Sur l'initiative de M. de Witt-Guizot, une consultation gratuite fut organisée en 1912. Elle commença son fonctionnement au mois de novembre. MM. les Docteurs Lauth et Soulier en assurèrent le service pendant 2 ans. La guerre interrompit ces consultations.

En juillet 1919, M. Pierre Mirabaud reprit l'idée de M. de Witt-Guizot et, grâce à lui, M. le Docteur Gendron a pu, le 18 octobre 1919, commencer une consultation pour enfants de 0 à 15 ans. Cette consultation a lieu le samedi de 2 heures à 4 heures.

Du 18 octobre au 31 décembre 1919 : 34 présences.

Du 1er janvier au 31 décembre 1920 : 228 présences.

Du 1er janvier au 31 décembre 1921 : 276 présences.

Pour l'année en cours, les présences sont en général de 10 à 15 par semaine ce qui fait prévoir une très sensible augmentation sur les années précédentes.

Budget. — Le budget de l'Œuvre est de : 1.900 francs fournis en partie par le Diaconat de l'Etoile (500 francs) et 3 souscripteurs (1.200 francs).

Le loyer qu'elle verse au Foyer, de 150 francs par an.

---

(1) Communication de Mlle d'Eichthal, directrice actuelle du Dispensaire

Les Eclaireurs Unionistes [1]

La fondation de la Troupe d'Eclaireurs Unionistes remonte au mois de mars 1912 et groupait à ce moment-là une trentaine d'adhérents.

Au moment de la guerre, ses Chefs furent appelés sous les drapeaux et la Troupe désorganisée.

Un de ses Chefs, Jean Seyrig, est tombé au Champ d'honneur.

Fin 1916, la Troupe fut reconstituée et eut sa première prestation de serment, officielle, le 4 février 1917. En 1917, elle prit une large part aux cultures qui furent faites dans l'île de Puteaux et trouva ainsi le moyen de rénover son matériel.

La Troupe se rattache au Mouvement des Eclaireurs Unionistes de France, dont le siège est à Paris, 41, rue de Provence et qui compte actuellement près de 4.000 Eclaireurs. Ce Mouvement est rattaché lui-même au Grand Mouvement International des Boys-Scouts, qui comprend plusieurs millions d'adhérents dans le monde entier.

Le matériel de la Troupe de Levallois est très complet, comprenant plusieurs tentes, matériel de cuisine, etc...

La Troupe se réunit tous les vendredis soir, au Local et suivant des programmes spéciaux, les dimanches, pour la réalisation du programme bien connu des Eclaireurs Unionistes.

---

(1) Communication de M. Borcard, chef de la troupe de Levallois.

Budget. — La Troupe verse annuellement, à la Maison des Œuvres, un loyer de 3oo francs et prélève également en faveur du Foyer, un léger pourcentage, sur les recettes des fêtes qu'elle peut donner au Local.

Son budget est de 1.ooo francs.

Croix-Bleue [1]

La « Croix-Bleue » est une Œuvre de relèvement qui s'adresse
aux buveurs adultes.

Elle exerce, dans son domaine, une action curative, tandis que
les sections de « l'Etoile-Bleue » et de « l'Espoir » sont des Œuvres
préventives.

La ligue de la « Croix-Bleue » exige un engagement d'abstinence
complète de tous ses signataires.

En 1912, date de sa fondation, la section Levalloisienne, de la
« Ligue antialcoolique de la Croix-Bleue » comptait cinq membres
actifs et une quarantaine d'adhérents.

Après avoir vu le nombre de ses membres s'augmenter dans une
bonne proportion, la « Croix-Bleue », comme beaucoup d'autres
Œuvres, a eu à souffrir de la guerre. La reconstitution se poursuit
actuellement et nous ne désespérons pas de la voir reprendre sous
peu son activité d'autrefois.

Chaque membre actif verse une cotisation de 5 francs dont
2 fr. 25 sont versés au Comité National.

---

(1) Communication de Mlle Ostheimer, secrétaire de la Croix-Bleue,

Bonne Volonté

La « Bonne Volonté » fondée en 1913, groupe les personnes de la paroisse de Levallois qui acceptent de faire des visites, enquêtes, ou de participer à la distribution de secours en argent, vêtements, provisions, etc... aux familles nécessiteuses qui, sans être nécessairement protestantes, restent cependant fidèles à notre Œuvre.

Budget. — Le budget est de 1.000 francs, provenant du Diaconat de l'Etoile et de quelques dons spéciaux.

Réunions une fois par mois, sous la présidence du Pasteur.

Jardin d'Enfants [1]

Le 17 octobre dernier, nous inaugurions notre modeste « Jardin d'Enfants ».

Le local n'est ni disposé, ni aménagé comme il serait désirable, mais nous avons essayé de tirer le meilleur parti de notre petite salle qui est ornée de quelques jolies gravures, de frises et travaux que les enfants ont pris grand plaisir à confectionner.

De petites tables à 2 places, de petits bancs faits par les Eclaireurs, une armoire contenant une partie des occupations Froebeliennes et Montessoriennes composent notre *matériel*.

Les Enfants inscrits en octobre au nombre de 15 sont maintenant 22 (3 ans 1/2 à 6 ans.)

Comment nous occupons les enfants. — Les enfants apprennent des chants de Dalcroze, font du dessin, du coloriage, des « exercices des sens ». Les travaux manuels tiennent une grande place, (découpage, collage, couture, vannerie, raphia, etc...) ainsi que les histoires que nous leur racontons, les illustrant, autant que possible, au tableau noir.

Nous faisons aussi des observations d'histoire naturelle, suivies de modelage ou de dessins.

[1] Communication de Mlle Alice Muller, directrice du « Jardin d'Enfants ».

Nous cultivons des fleurs et suivons leur développement (jacinthes, capucines, etc...)

La *récompense* des enfants est la séance d'ombres chinoises, de lanterne magique ou de guignol, du samedi.

Les fêtes : celle de Noël, que les enfants ont préparée par la décoration de leur salle, de leur arbre et la préparation de petits cadeaux, celle de Pâques, par exemple, entretiennent la joie et la gaieté au « Jardin d'Enfants ».

Ce modeste début est plutôt encourageant, *notre but* est d'enseigner à ces enfants la politesse, la serviabilité ; nous désirons qu'ils sentent que tout travail fait avec soin est un plaisir. Puissent les tout petits aimer la Maison hospitalière qui les accueille dès leur jeune âge, et les suivra, par la suite, les aidant de toute manière.

Budget. — Le budget prévu pour 1922 est d'environ 2.000 francs (Loyer, matériel, directrice.)

Bureau d'Assistance sociale

Le Bureau d'Assistance sociale, dont l'organisation a été confiée à Mlle Vinard, a ouvert ses portes en octobre 1921. Depuis lors, son champ d'activité s'élargit de jour en jour.

Son but est de venir en aide à tous ceux, quels qu'ils soient, qui souffrent et sont dans la peine. La question religieuse n'y est pas posée.

Son rôle auprès d'eux s'exerce soit directement (bons de lait, vêtements distribués, etc...) soit, et c'est surtout en cela que notre intervention consiste, indirectement, en les guidant vers telle organisation nettement spécialisée (hopitaux, dispensaires, sanatoria, maison de santé, etc...)

Ses principaux moyens sont : 1° *Les visites,* qui permettent de mieux connaître ceux qui se présentent, et par conséquent de mieux les aider ; 2° *Les heures de réception* (1) toujours très remplies, où l'on vient chercher un conseil relatif à une demande à faire pour le placement d'un enfant, ou une demande d'Assistance judiciaire, une allocation à obtenir, etc... C'est toujours une misère morale et matérielle que nous avons à soulager.

Budget. — Les recettes sont assurées par des dons et par le Diaconat de l'Etoile. Le budget est de 1.5oo francs environ.

---

(1) Mardi, après 8 heures ; mercredi matin de 10 à 12 heures ; samedi, de 2 à 4 heures.

Desiderata. — Il faudrait que ceux qui viennent à notre réception, fussent visités immédiatement. L'Assistante sociale qui ne peut suffire à tout n'a actuellement que deux inscriptions de dames visiteuses de bonne volonté.

Qui voudrait bien s'inscrire pour cette tâche délicate entre toutes, mais si belle et si nécessaire ?

Le Bureau d'Assistance sociale se met en rapport, dans la mesure du possible et au fur à mesure de ces besoins, avec les Œuvres et organisations diverses dont les conseils peuvent lui être précieux ou avec lesquelles il est bon de travailler en collaboration.

Nous nommerons entre autres :

A Paris. — La Délégation générale de Diaconats Réformés de la Seine (1) et son « Comité auxiliaire de Dames » (1).

« L'Union des Œuvres protestantes de l'Enfance (1). »

« Le Comité de patronage des Apprentis Réformés (1). »

« Le Comité d'Apprentissage (2). »

L'Assistance Publique (3).

Le Fichier Central (4).

L'Office Publique d'Hygiène sociale (5).

« L'Abri (6). »

« Œuvres des 3 Semaines (7) », etc...

L'Eglise de l'Etoile (Diaconat, Comité des Dames.)

---

(1) Siège social : 4, rue de l'Oratoire, Ier.
(2)   —   47, rue de Tocqueville.
(3)   —   3, avenue Victoria.
(4)   —   14, rue de Richelieu.
(5)   —   9, place de l'Hotel-de-Ville.
(6)   —   3, quai Voltaire.
(7)   —   Mme Lorriaux, 51, rue Gide.

A Levallois. — Le Bureau de Bienfaisance de la Mairie.

L'Union des Œuvres de Levallois.

Nous espérons étendre encore ces relations amicales au plus grand nombre d'Œuvres possible, nous souvenant que c'est dans la collaboration que s'effectue le travail le meilleur et le plus profitable, cherchant à apporter notre petite pierre à l'édifice commun qu'élève l'Amour pour les petits et les souffrants.

OEuvres des Colonies de Vacances

L'Œuvre des Colonies de Vacances est si étroitement liée à « la Maison des Œuvres Sociales » qu'il nous faut lui donner ici une place et envoyer une pensée reconnaissante à ceux qui l'ont créée ou développée.

« L'Œuvre des Colonies de Vacances » (1) de l'Etoile a été fondée en 1893 par quelques jeunes filles désireuses d'envoyer à la campagne, ou au bord de la mer, des enfants pauvres maladifs ou anémiés des Ternes et de Levallois-Perret.

---

(1) Mme L. Russier a bien voulu se charger de cette communication.

La première vente a produit 5oo francs, d'année en année elle a
progressé ; en 1913, l'Œuvre dépensait 7,600 francs pour les séjours
de vacances dans le Loiret, à Montjavoult, aux « Hirondelles », etc...

En 1919, la vente produisait 10.000 francs, et, en 1920, pouvait
se réaliser un projet longtemps caressé : celui de grouper sous le
même toit, dans une même atmosphère chrétienne, les enfants de
nos Ecoles du Dimanche et du Jeudi qui seraient confiés à l'Œuvre
pour les vacances ; un presbytère devenait vacant par la fusion de
deux Eglises : il fut loué, réparé et aménagé de manière à recevoir
à la fois 35 enfants.

En juillet, des mères de famille avec leurs enfants en bas âge,
en août les fillettes, en septembre les garçons — ou *vice versa* —
trouvent à Pouilly-sur-Loire (Nièvre), dans une grande maison
entourée d'un beau jardin, l'asile de tranquillité et l'air pur avec
des promenades ravissantes sur les bords de la Loire.

La Maison est également offerte aux jeunes filles qui pourraient
prendre leurs vacances à un autre moment que les trois mois
réservés aux enfants.

Budget de la Maison des Œuvres
en 1921

DÉBIT		CRÉDIT	
Loyer payé à la Société Immobilière.........	6.000 fr.	Foyer du Jeune Homme	13.500 fr.
Concierge.............	2.000	Participation des Œuvres aux frais généraux...............,	2.000
Femme de ménage	2.000		
Blanchissage.........	1.500	Participation de l'Eglise de l'Etoile aux frais..	500
Entretien, renouvellement du matériel et du mobilier.........	4.000	Déficit devant être couvert par l'Association des Amis de la Petite Etoile	5.000
Eau, éclairage, chauffage...	4.000		
Impôt.................	1.000		
	21.000		21.000 fr.

Ne figurent au budget 1921 ni le traitement du Secrétaire Général, assuré par l'Etoile, ni ceux de l'Assistante Sociale et de la Jardinière d'enfants, venues trop récemment.

Les chiffres ci-dessus représentent donc un minimum de dépenses.

Le Foyer du Jeune Homme, locataire principal de la maison, verse à la Société Immobilière, un loyer de 6.000 francs, auquel participent pour 2.000 francs les différentes Œuvres, proportionnellement à leurs locations respectives de la grande salle et des pièces du rez-de-chaussée. Les chambres du Foyer ont inscrit au chiffre de leurs recettes la somme de 13.500 francs.

Malgré la stricte économie avec laquelle les dépenses sont faites, nous avons terminé l'année dernière, avec un déficit de 5.000 francs que nous espérons voir bientôt comblé par « l'Association des Amis de la Petite Etoile » à laquelle vous êtes instamment prié de bien vouloir vous joindre en remplissant le bulletin d'adhésion ci-joint (1).

Nous savons que ce n'est jamais en vain, que nous vous adressons un appel, nous avons confiance que ce déficit sera couvert promptement, et d'avance nous vous remercions de l'effort que vous ferez et sans lequel nous ne pourrions plus vivre.

*
* *

Et maintenant, lecteurs et amis, vous avez pu vous rendre compte de ce qu'est l'activité de notre « Maison des Œuvres Sociales ».

Deux réflexions vous auront certainement été suggérées au cours de cette lecture :

1° Comment des Œuvres si nombreuses peuvent-elles tenir en si peu de place ?

2° Comment toutes ces Œuvres peuvent-elles fonctionner avec un personnel et un budget si restreints ?

Ce sont là deux questions capitales :

1° Les locaux dont nous disposons étant trop restreints, beaucoup d'ingéniosité doit être déployée pour que chaque Œuvre tienne sa place sans gêner sa voisine.

Les chaises et les tables de la grande salle, par exemple, doivent être constamment déplacées ; cette perte de temps nous serait évitée si quelques-unes de nos Œuvres pouvaient prendre place dans un autre local.

---

(1) Voir en dernière page.

Notre Union de Jeunes Filles, en particulier, souffre de n'avoir pas sa salle ouverte à toute heure à celles qui y trouveraient dans leurs instants de repos, un endroit tranquille pour lire ou écrire.

Nous avons un Foyer du Jeune Homme, il nous faut un Foyer de la Jeune Fille, abritant en même temps toutes les Activités féminines.

2° Nous sommes, d'autre part, obligés de constater que ces différentes Œuvres reposent uniquement sur les épaules de quelques-uns, toujours les mêmes, venus à notre aide. Leur nombre est de beaucoup insuffisant, et il n'est pas juste qu'elles continuent à porter seules, longtemps encore, ce poids.

Malgré les encouragements constants, nous serions parfois tentés d'hésiter devant l'immense effort à fournir, et notre peu de force et notre petit nombre.

Amis de « l'Etoile » et de la « Petite Etoile » qui lisez ces lignes, nous avons besoin de vous ; de *vous tous*. Entendez notre appel ? Ne dites pas : « Je puis faire si peu, c'est inutile ». Ce « tout petit peu » voulez-vous le faire? Si vous le voulez, venez à nous, et nous vous indiquerons de quelle manière vous pourrez nous aider.

Jeunes Filles de « l'Etoile » qui avez plus de temps que vos sœurs de Levallois, venez apprendre à les connaître et à les aimer dans cette « Union Chrétienne » qui a besoin de vous. Vous y serez bien accueillies, et vous y serez aimées ; ses portes vous sont ouvertes.

Venez aider nos enfants de l'Ecole de Garde et du Jeudi, de l'Union Cadette, qui sans vous n'auraient que la rue, malgré les efforts faits par d'autres œuvres qui, comme la nôtre, ne peuvent recevoir tous ceux qui en auraient besoin.

Donnez quelques heures au Bureau d'Assistance Sociale dont le développement ne dépend que de vous.

Jeunes Gens, venez vous joindre à notre « Union Chrétienne » et nous aider dans l'Œuvre que poursuit notre section d'éclaireurs, notre Union Cadette et notre Ecole de Garde.

« L'Etoile » et la « Petite Etoile » ne sont pas deux églises, mais la même et la Maison des Œuvres Sociales est leur commun champ de travail.

Il n'est pas possible que vous tous, membres de la « Grande Etoile », acceptiez que quelques-uns seulement des vôtres soient sur la brèche avec nous, alors que « notre Maison » est l'œuvre de tous.

Nous ne faisons pas appel seulement à votre bourse, il nous faut plus encore ; c'est votre temps, c'est votre cœur que nous vous demandons.

Venez, et vous ferez cette expérience, qui est celle de tout travailleur social, que, chaque fois que vous aurez donné de vous-même, vous en serez enrichis les premiers.

Ne laissez à personne l'honneur de vous devancer dans l'action. Venez-y dès maintenant. Nous avons besoin de vous et nous vous appelons.

Venez et aidez-nous.

M.-A. Vinard.

Août 1922.

Alençon, imp. A. Coueslant. — Corbière et Jugain, successeurs.

Paris le   Octobre 1922

Monsieur,

Les Premiers amis de la Petite Étoile, par leur généreux concours, nous ont permis, dès 1910, d'acquérir un terrain 69, rue de Cormeille à Levallois-Perret et d'y édifier la " MAISON DES ŒUVRES SOCIALES ", que nous avons dû, en 1914, surélever de 2 étages pour y abriter toutes les œuvres qui gravitent autour de la " Petite Étoile ", Unions Chrétiennes de Jeunes Gens et de Jeunes Filles, Unions Cadettes, Foyer du Jeune Homme, Ecole du Jeudi et Ecole de Garde, Ouvroir, et combien d'autres groupements, y trouvent à toute heure une chaude et vivifiante hospitalité.

Après les ravages de la guerre et la dispersion générale, notre activité a repris. Notre champ de travail s'est, dès l'an dernier, élargi encore par la création du **Dispensaire** ouvert à toutes nos œuvres, et du **Restaurant du Foyer**, qui groupe tant de jeunes sur lesquels s'exerce une bienfaisante influence.

Cet hiver même, nous voulons aller de l'avant en dotant notre Maison d'une **infirmière sociale** qui, par ses connaissances professionnelles et son activité éclairée, coordonnera tous nos efforts, et d'un **jardin d'enfants**, qui groupera nos petits à l'heure où leurs aînés travaillent à l'Ecole de Garde.

Pour poursuivre notre Œuvre conquérante et remédier aux difficultés de la vie chère, nous venons vous demander de bien vouloir nous apporter votre concours en vous inscrivant sur le bulletin ci-joint comme membre de " l'Association des Amis de la Petite Étoile ".

Grâce à la cotisation annuelle que vous voudrez bien nous accorder et pour laquelle nous vous exprimons d'avance notre profonde reconnaissance, l'avenir de nos Œuvres sera assuré.

Veuillez agréer l'expression de nos sentiments reconnaissants.

Pour le Comité des Œuvres Sociales :
L. RUSSIER, Eliel MONNIER, Henri MONNIER.

ASSOCIATION DES AMIS DE LA PETITE ÉTOILE

BULLETIN D'ADHÉSION

Je soussigné..

demeurant à...*rue*......................................

n°.......... *m'engage à payer une cotisation annuelle de :*

(1)..

pour faire partie de la dite Association en qualité de membre......................

PARIS, LE..

Signature :

(1) La cotisation est fixée à

    Fr. 100. — pour les membres titulaires.
    Fr. 50. —   —   —   honoraires.
    Fr. 20. —   —   —   souscripteurs.
    Fr. 10. —   —   —   adhérents.

Prière de vouloir bien retourner ce bulletin d'adhésion et le montant de la cotisation à MM. MIRABAUD et Cⁱᵉ, 56, rue de Provence, Paris.

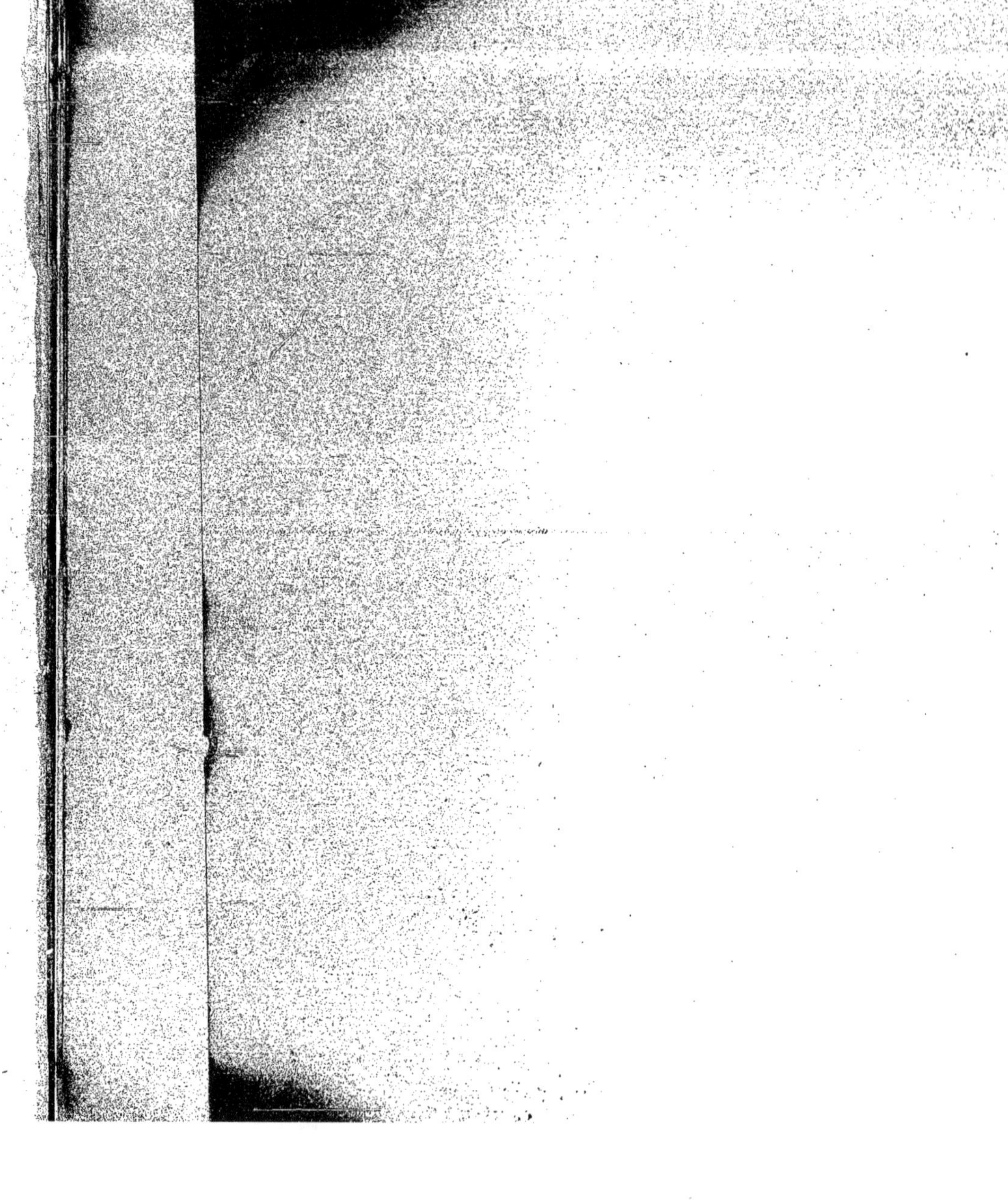